AF221688

Impressum
Verlag: BABADADA GmbH, Nedderfeld 112 , 22529 Hamburg
Geschäftsführer / Verlagsleitung: Harald Hof
Druck: Books on Demand GmbH, In de Tarpen 42, 22848 Norderstedt

Imprint
Publisher: BABADADA GmbH, Nedderfeld 112 , 22529 Hamburg, Germany
Managing Director / Publishing direction: Harald Hof
Print: Books on Demand GmbH, In de Tarpen 42, 22848 Norderstedt, Germany

kool
škola

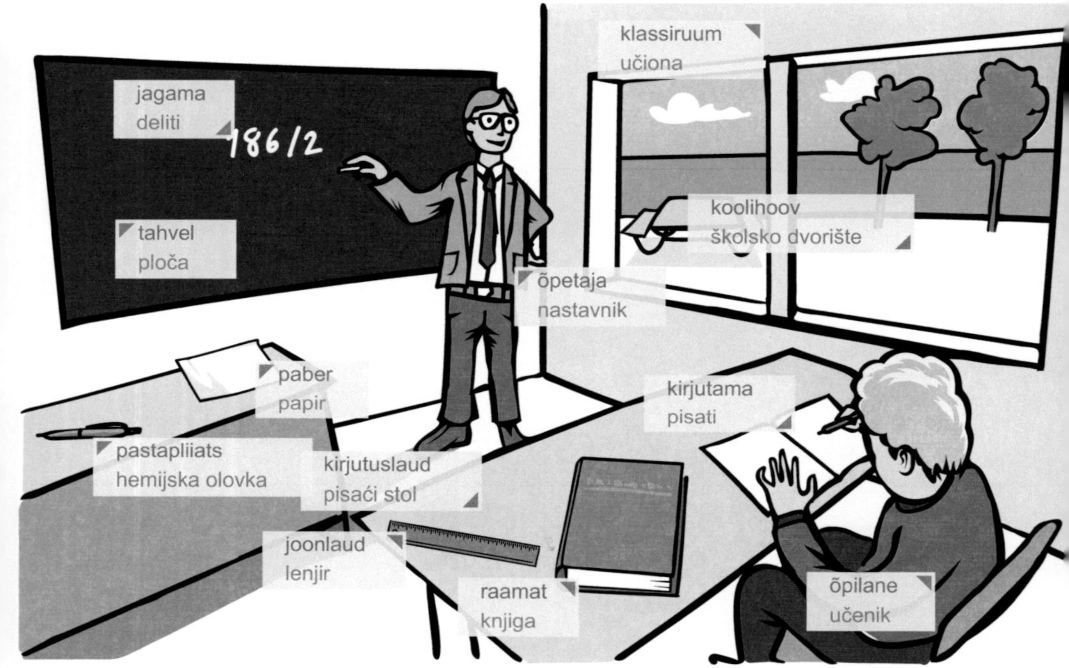
klassiruum
učiona
jagama
deliti
186/2
tahvel
ploča
koolihoov
školsko dvorište
õpetaja
nastavnik
paber
papir
kirjutama
pisati
pastapliiats
hemijska olovka
kirjutuslaud
pisaći stol
joonlaud
lenjir
raamat
knjiga
õpilane
učenik

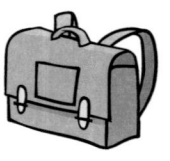

koolikott

torba

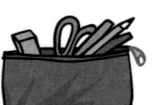

pinal

pernica

harilik pliiats

grafitna olovka

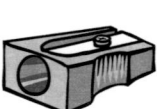

pliiatsiteritaja

šiljilo za olovke

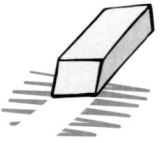

kustukumm

gumica za brisanje

joonistusplokk

blok za crtanje

joonistus
....
crtež

pintsel
....
kist

värvikarp
....
kutija sa bojama

käärid
....
makaze

liim
....
lepilo

töövihik
....
beležnica

kodutöö
....
domaći zadatak

number
....
broj

liitma
....
sabirati

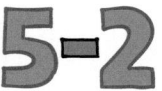

lahutama
....
oduzimati

korrutama
....
množiti

arvutama
....
računati

täht
....
slovo

tähestik
....
abeceda

sõna
....
reč

tekst

tekst

lugema

čitati

kriit

kreda

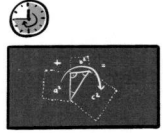

koolitund

čas

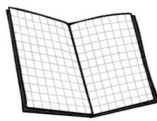

klassipäevik

dnevnik

eksam

ispit

tunnistus

svedočanstvo

koolivorm

školska uniforma

haridus

obrazovanje

entsüklopeedia

leksikon

ülikool

univerzitet

mikroskoop

mikroskop

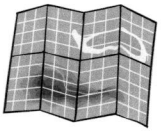

kaart

karta

paberikorv

košara za papir

reisimine
putovanje

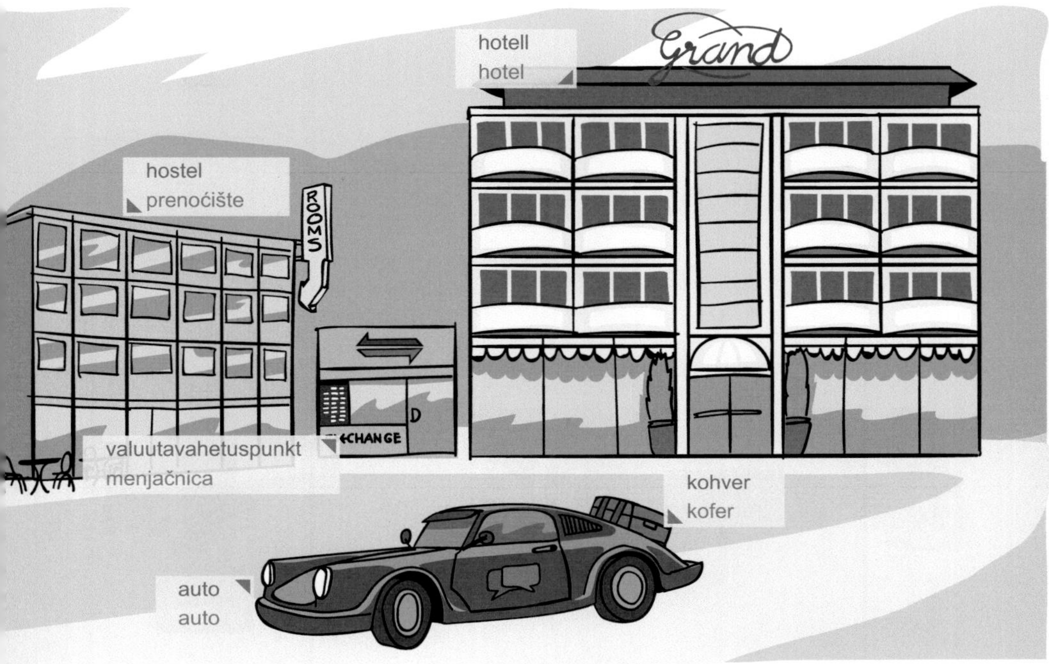

hotell
hotel
Grand
hostel
prenoćište
ROOMS
valuutavahetuspunkt
menjačnica
kohver
kofer
auto
auto

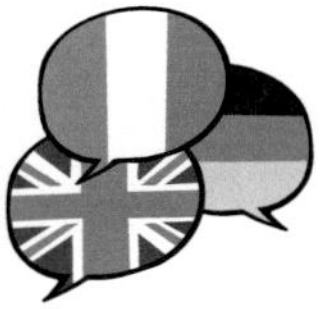

keel

jezik

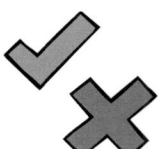

jah / ei

da / ne

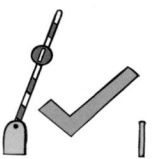

okei

okej

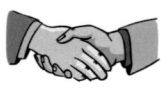

Tere!

zdravo

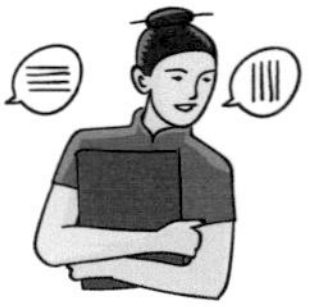

tõlk

prevodilac

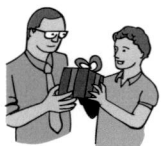

Aitäh!

hvala

Kui palju maksab …?

Koliko košta...?

Ma ei saa aru

ne razumem

probleem

problem

Tere õhtust!

dobro veče!

Tere hommikust!

Dobro jutro!

Head ööd!

Laku noć!

Head aega!

doviđenja

suund

smer

pagas

prtljaga

kott

torba

seljakott

ruksak

külaline

gost

tuba

soba

magamiskott

vreća za spavanje

telk

šator

turismiinfo

turističke informacije

rand

plaža

krediitkaart

kreditna kartica

hommikusöök

doručak

lõunasöök

ručak

õhtusöök

večera

pilet

karta za vožnju

lift

lift

postmark

poštanska markica

riigipiir

granica

toll

carina

saatkond

ambasada

viisa

viza

pass

pasoš

transport

transport

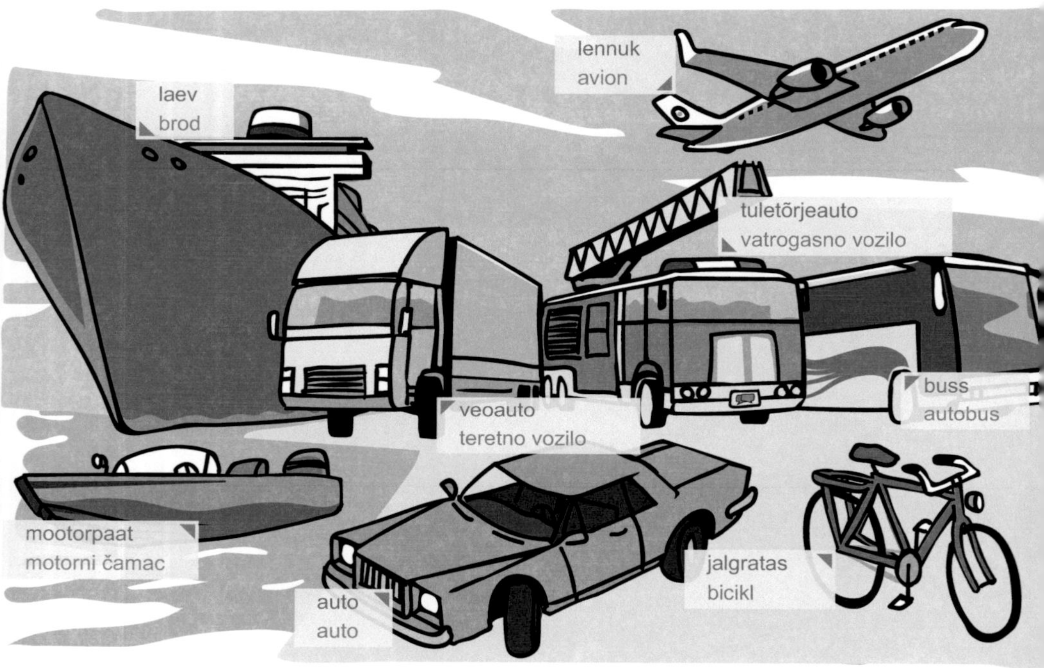
laev
brod
lennuk
avion
tuletõrjeauto
vatrogasno vozilo
veoauto
teretno vozilo
buss
autobus
mootorpaat
motorni čamac
jalgratas
bicikl
auto
auto

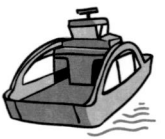

praam

trajekt

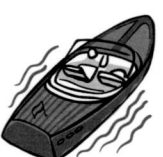

paat

čamac

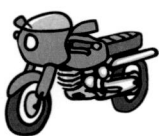

mootorratas

motocikl

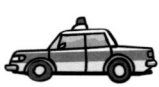

politseiauto

policijski auto

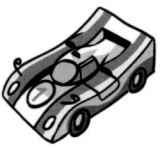

võidusõiduauto

trkaći auto

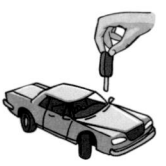

rendiauto

iznajmljeno auto

ühisauto

delenje automobila

puksiirauto

vučno vozilo

prügiauto

vozilo za odvoz smeća

mootor

motor

kütus

benzin

tankla

benzinska stanica

liiklusmärk

saobraćajni znak

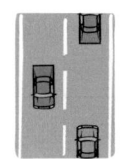

liiklus

saobraćaj

liiklusummik

zastoj

parkla

parkiralište

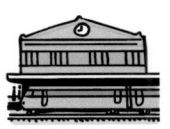

raudteejaam

železnička stanica

rööpad

šine

rong

voz

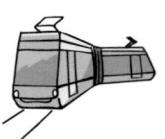

tramm

tramvaj

vagun

vagon

helikopter
helikopter

lennujaam
aerodrom

torn
kula

reisija
putnik

konteiner
kontejner

pappkast
karton

käru
kolica

korv
korpa

õhku tõusma / maanduma
uzleteti / sleteti

linn
grad

küla
selo

kesklinn
centar grada

maja
kuća

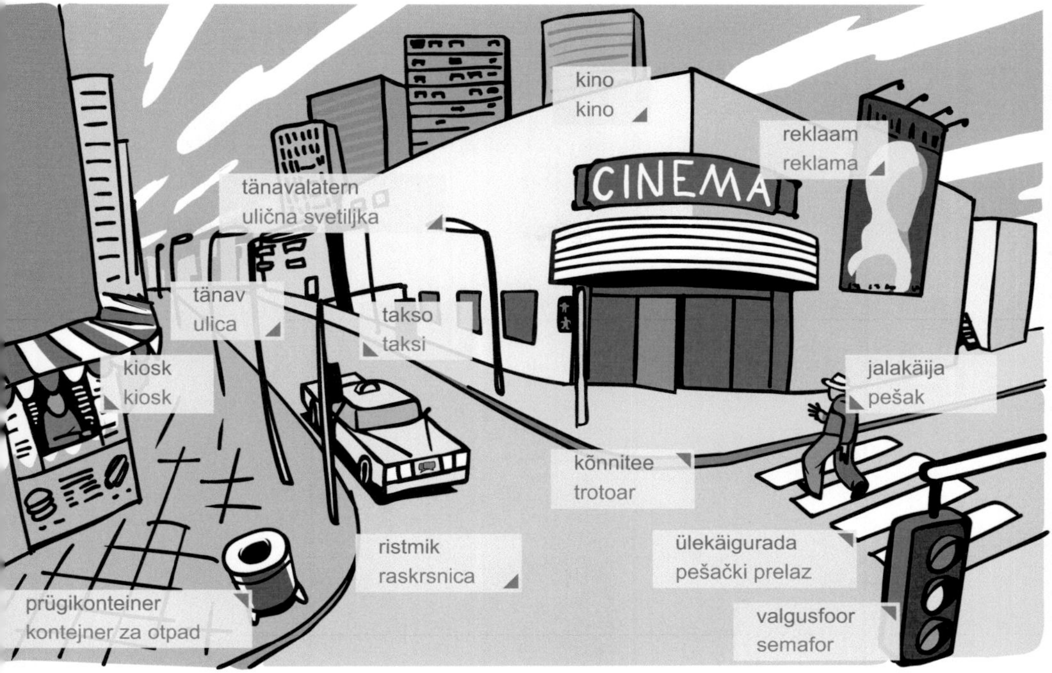

kino
kino

reklaam
reklama

tänavalatern
ulična svetiljka

CINEMA

tänav
ulica

takso
taksi

jalakäija
pešak

kiosk
kiosk

kõnnitee
trotoar

ristmik
raskrsnica

ülekäigurada
pešački prelaz

prügikonteiner
kontejner za otpad

valgusfoor
semafor

osmik
koliba

kortermaja
stan

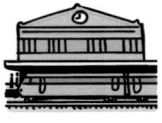

raudteejaam
železnička stanica

raekoda
većnica

muuseum
muzej

kool
škola

ülikool
univerzitet

pank
banka

haigla
bolnica

hotell
hotel

apteek
apoteka

kontor
kancelarija

raamatupood
knjižara

kauplus
prodavnica

lillepood
cvećara

supermarket
supermarket

turg
trg

kaubamaja
robna kuća

kalapood
ribarnica

kaubanduskeskus
trgovački centar

sadam
luka

park

park

pink

klupa

sild

most

trepp

stepenice

metroo

podzemna železnica

tunnel

tunel

bussipeatus

autobuska stanica

baar

bar

restoran

restoran

postkast

poštansko sanduče

tänavasilt

ulični znak

parkimisautomaat

parkirni automat

loomaaed

zoološki vrt

ujula

bazen

mošee

džamija

talu

seosko gazdinstvo

reostus

zagađenje okoline

surnuaed

groblje

kirik

crkva

mänguväljak

igralište

tempel

hram

maastik
pejsaž

leht
list

teeviit
putokaz

tee
put

aas
livada

kivi
kamen

puu
drvo

matkaja
šetač

jõgi
reka

rohi
trava

lill
cvijet

org
dolina

mägi
planina

järv
jezero

mets
šuma

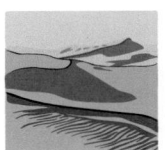

kõrb
pustinja

vulkaan
vulkan

linnus
dvorac

vikerkaar
duga

seen
gljiva

palm
palma

sääsk
moskito

kärbes
muva

sipelgas
mrav

mesilane
pčela

ämblik
pauk

mardikas

buba

konn

žaba

orav

veverica

siil

jež

jänes

zec

öökull

sova

lind

ptica

luik

labud

metssiga

divlja svinja

hirv

jelen

põder

los

pais

nasip

tuuleturbiin

vetrenjača

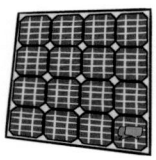

päikesepaneel

solarna ploča

kliima

klima

restoran

restoran

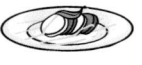

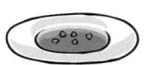

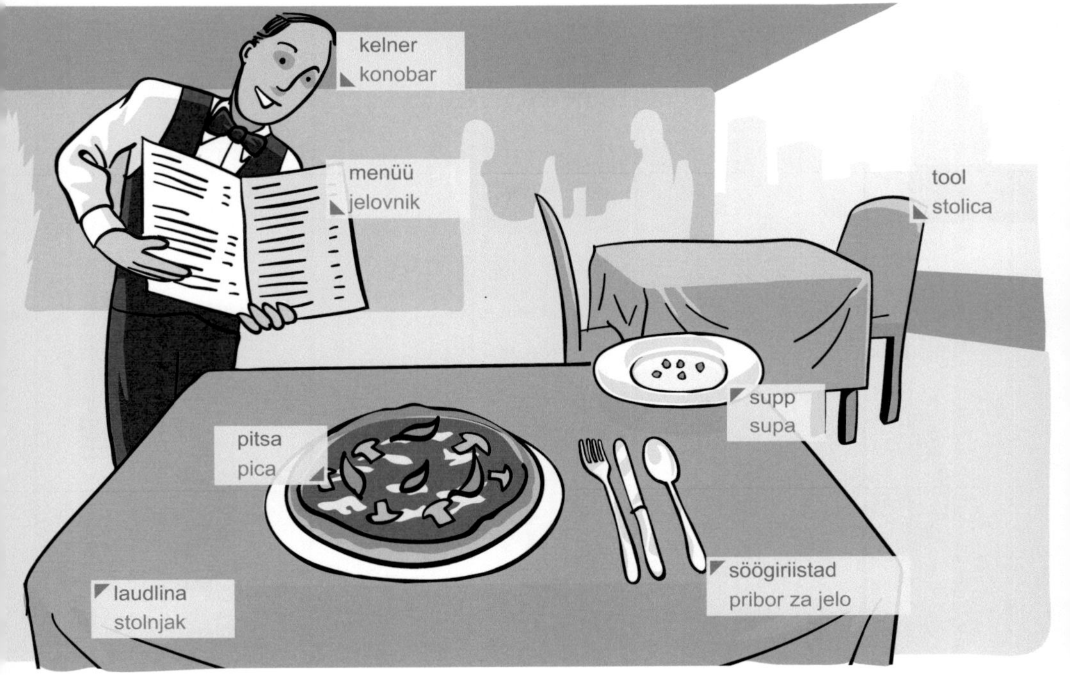
kelner
konobar
menüü
jelovnik
tool
stolica
supp
supa
pitsa
pica
söögiriistad
pribor za jelo
laudlina
stolnjak

eelroog

predjelo

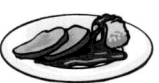

pearoog

glavno jelo

magustoit

desert

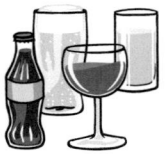

joogid

napitci

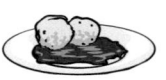

toit

jelo

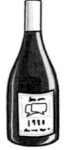

pudel

flaša

kiirtoit

brza hrana

tänavatoit

imbis hrana

teekann

čajnik

suhkrutoos

doza za šećer

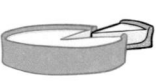

portsjon

porcija

espressomasin

aparat za espresso

lastetool

visoka stolica

arve

račun

kandik

poslužavnik

nuga

nož

kahvel

viljuška

lusikas

kašika

teelusikas

čajna kašika

salvrätik

salveta

klaas

čaša

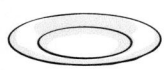

taldrik
....
tanjir

supitaldrik
....
tanjir za supu

alustass
....
tanjirić

kaste
....
sos

soolatoos
....
soljenka

pipraveski
....
mlin za biber

äädikas
....
sirće

õli
....
ulje

vürtsid
....
začini

ketšup
....
kečap

sinep
....
senf

majonees
....
majoneza

supermarket
supermarket

eripakkumine
ponuda
FOR
klient
kupac
piimatooted
mlečni proizvodi
puuviljad
voće
ostukäru
kolica za kupovinu

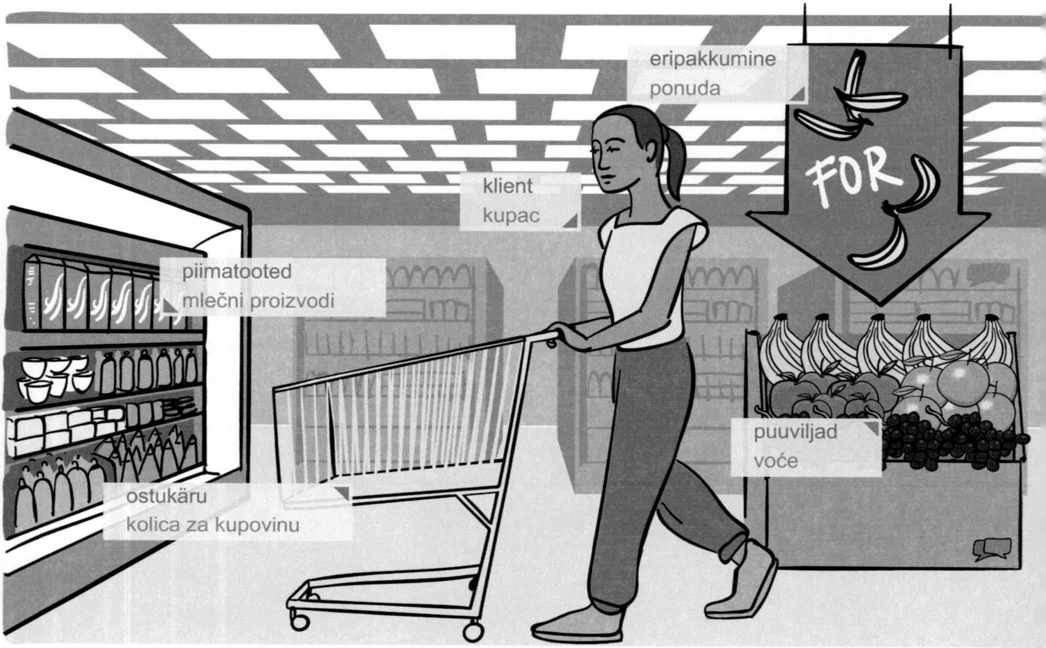

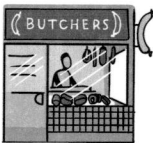

BUTCHERS

lihapood
mesnica

BAKERY

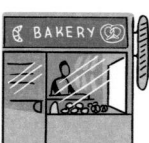

pagariäri
pekara

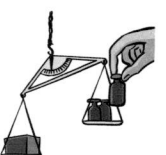

kaaluma
vagati

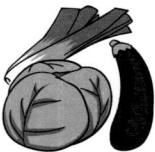

köögiviljad
povrće

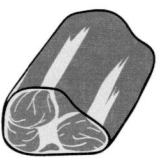

liha
meso

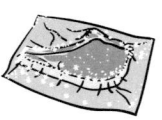

külmutatud toit
smrznuta hrana

lihalõigud

narezak

konservid

konzerve

pesupulber

sredstvo za pranje

maiustused

slatkiši

majatarbed

artikli za domaćinstvo

puhastustooted

sredstva za čišćenje

müüja

prodavačica

kassaaparaat

blagajna

kassapidaja

blagajnik

ostunimekiri

lista za kupovinu

lahtiolekuajad

vreme rada

rahakott

novčanik

krediitkaart

kreditna kartica

kott

torba

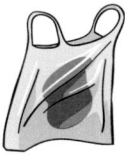

kilekott

plastična kesa

vesi

voda

mahl

sok

piim

mleko

koola

kola

vein

vino

õlu

pivo

alkohol

alkohol

kakao

kakao

tee

čaj

kohv

kava

espresso

espresso

cappuccino

cappuccino

banaan

banana

õun

jabuka

apelsin

narandža

arbuus

lubenica

sidrun

limun

porgand

šargarepa

küüslauk

beli luk

bambus

bambus

sibul

luk

seen

gljiva

pähklid

orašasti plodovi

nuudlid

rezanci

spagetid

špagete

riis

riža

salat

salata

friikartulid

pomfrit

praekartulid

pečeni krumpir

pitsa

pica

hamburger

hamburger

võileib

sendvič

šnitsel

šnicla

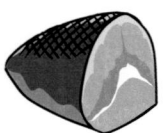

sink

šunka

salaami

salama

vorst

kobasica

kana

kokoš

praeliha

pečenje

kala

riba

kaerahelbed

zobene pahuljice

müsli

musli

maisihelbed

kukuruzne pahuljice

jahu

brašno

sarvesai

kroasan

kukkel

pecivo

leib

hleb

röstsai

toast

küpsised

keksi

või

maslac

kohupiim

sveži sir

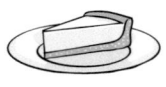

kook

kolač

muna

jaje

praemuna

jaje na oko

juust

sir

jäätis
sladoled

suhkur
šećer

mesi
med

moos
marmelada

pähklivõie
nugat krema

karri
kari

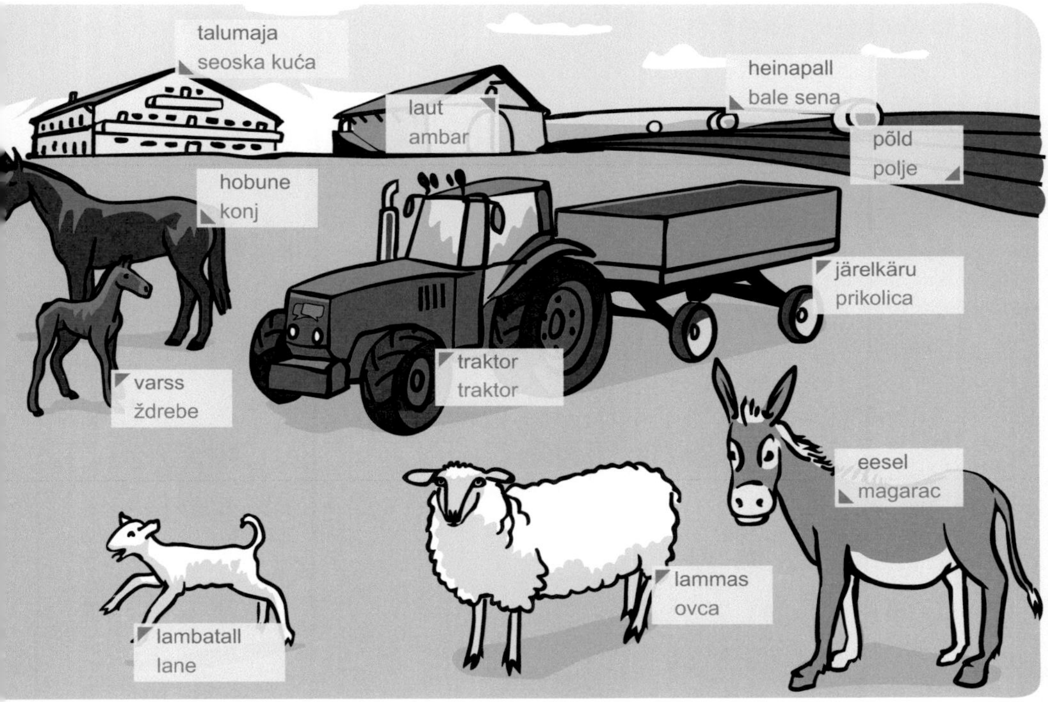

talumaja
seoska kuća

heinapall
bale sena

laut
ambar

põld
polje

hobune
konj

järelkäru
prikolica

varss
ždrebe

traktor
traktor

eesel
magarac

lammas
ovca

lambatall
lane

kits
koza

lehm
krava

vasikas
tele

siga
svinja

põrsas
prase

pull
bik

hani

guska

part

patka

tibu

pilići

kana

kokoš

kukk

petao

rott

pacov

kass

mačka

hiir

miš

härg

vol

koer

pas

koerakuut

kućica za psa

aiavoolik

vrtno crevo

kastekann

kanta za polivanje

vikat

kosa

ader

plug

sirp

srp

kõblas

motika

hang

viljuška za đubrivo

kirves

sekira

käru

tačke

küna

korito

piimanõu

posuda za mleko

kott

vreća

tara

ograda

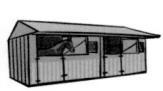

tall

štala

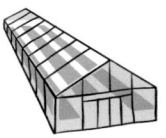

kasvuhoone

staklenik

muld

zemlja

seeme

seme

väetis

đubrivo

kombain

kombajn

saaki koristama

žeti

saagikoristus

žetva

jamss

jams začin

nisu

pšenica

soja

soja

kartul

krumpir

mais

kukuruz

raps

uljana repica

viljapuu

voćka

maniokk

gomolj manioke

teravili

žitarice

maja
kuća

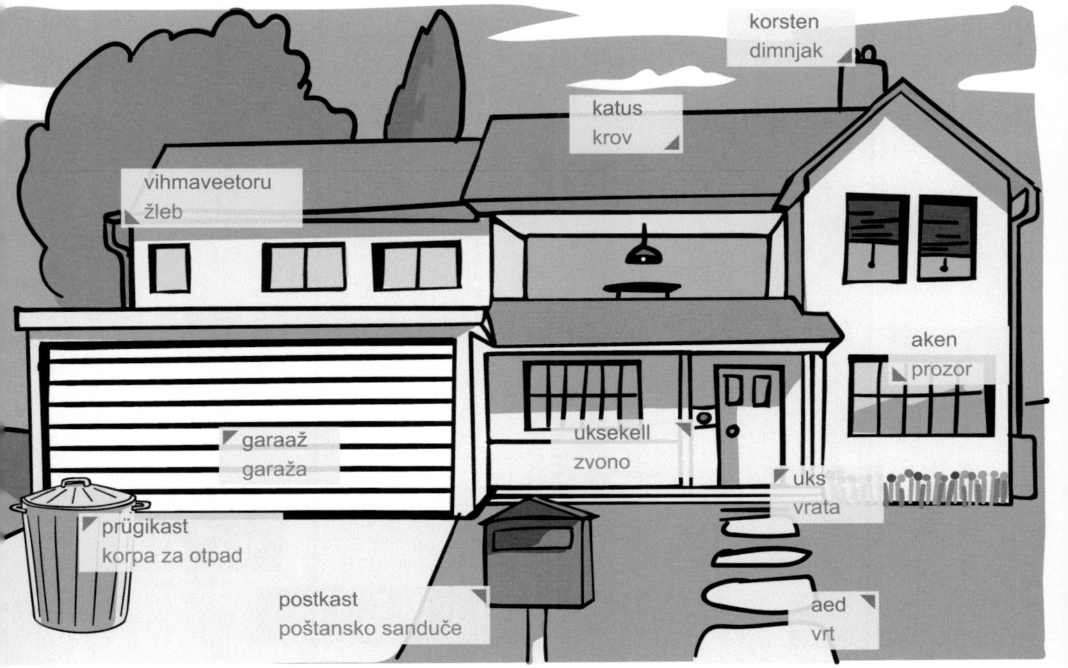
korsten
dimnjak
katus
krov
vihmaveetoru
žleb
aken
prozor
garaaž
garaža
uksekell
zvono
uks
vrata
prügikast
korpa za otpad
postkast
poštansko sanduče
aed
vrt

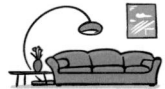

elutuba

dnevna soba

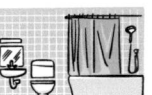

vannituba

kupaonica

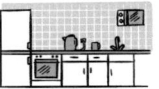

köök

kuhinja

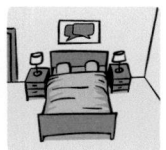

magamistuba

spavaća soba

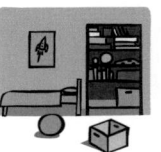

lastetuba

dečija soba

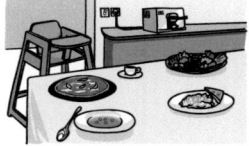

söögituba

trpezarija

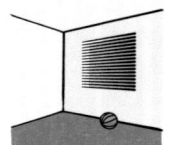

põrand
pod

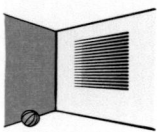

sein
zid

lagi
strop

kelder
podrum

saun
sauna

rõdu
balkon

terrass
terasa

bassein
bazen

muruniiduk
kosilica za travu

voodilina
posteljina za krevet

päevatekk
deka za krevet

voodi
krevet

luud
metla

ämber
kanta

lüliti
prekidač

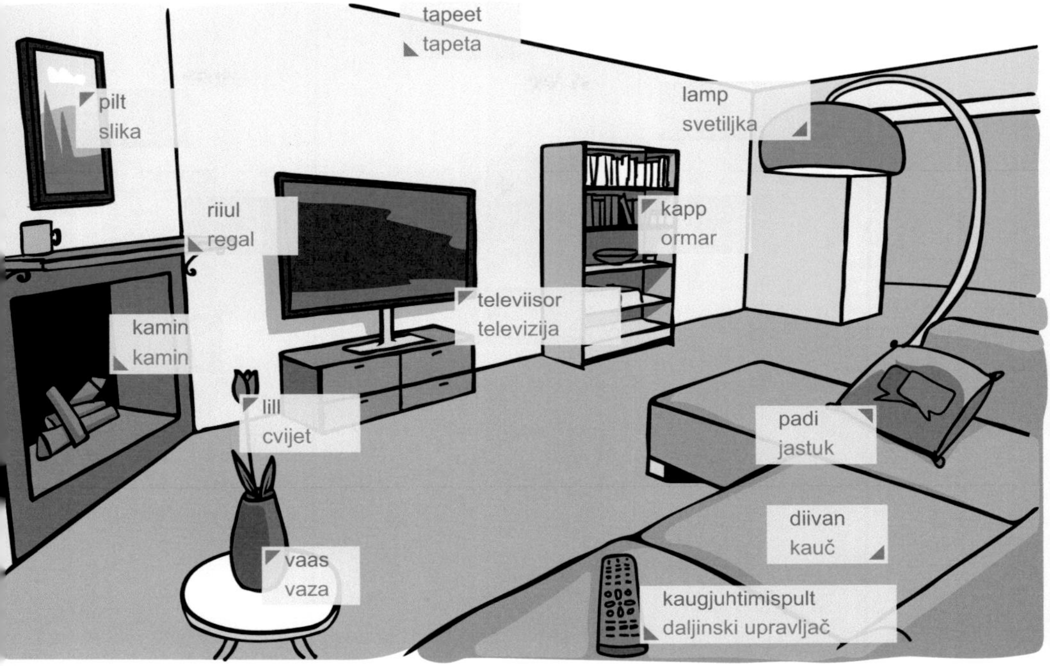

tapeet
tapeta

pilt
slika

lamp
svetiljka

riiul
regal

kapp
ormar

kamin
kamin

televiisor
televizija

lill
cvijet

padi
jastuk

diivan
kauč

vaas
vaza

kaugjuhtimispult
daljinski upravljač

vaip
tepih

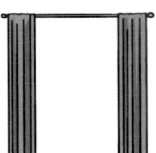

kardin
zavesa

laud
sto

tool
stolica

kiiktool
stolica za njihanje

tugitool
fotelja

raamat

knjiga

tekk

deka

kaunistus

dekoracija

küttepuud

drvo za ogrev

film

film

helisüsteem

hi-fi uređaj

võti

ključ

ajaleht

novine

maal

slika na platnu

plakat

poster

raadio

radio

märkmik

blok za pisanje

tolmuimeja

usisivač

kaktus

kaktus

küünal

sveća

köök
kuhinja

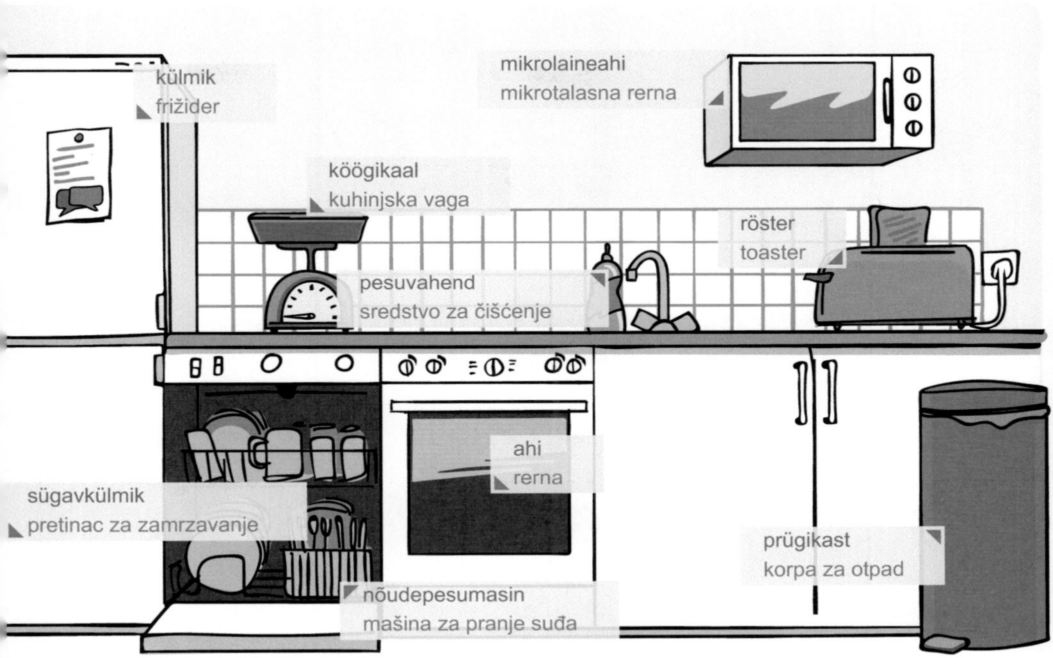

külmik
frižider
mikrolaineahi
mikrotalasna rerna
köögikaal
kuhinjska vaga
röster
toaster
pesuvahend
sredstvo za čišćenje
ahi
rerna
sügavkülmik
pretinac za zamrzavanje
prügikast
korpa za otpad
nõudepesumasin
mašina za pranje suđa

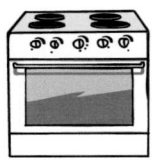

pliit

šporet

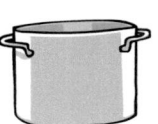

pott

lonac

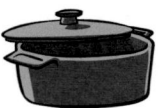

malmpott

gvozdeni lonac

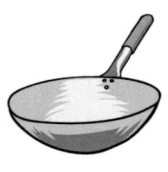

vokkpann

wok / kadai

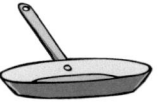

pann

tava

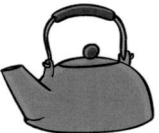

veekeetja

kuvalo za vodu

aurutaja

kuvalo na paru

küpsetusplaat

lim za pečenje

lauanõud

posuđe

kruus

čaša

kauss

posuda

söögipulgad

štapići za jelo

kulp

kutlača

pannilabidas

lopatica

vispel

penjača

kurn

sito za kuvanje

sõel

sito

riiv

ribež

uhmer

mužar

grill

roštilj

lahtine tuli

ognjište

lõikelaud

daska

tainarull

oklagija

korgitser

vadičep

konservipurk

konzerva

konserviavaja

otvarač konzervi

pajakinnas

krpa za lonac

kraanikauss

sudoper

hari

četka

pesukäsn

sunđer

kannmikser

mikser

sügavkülmuti

zamrzivač

lutipudel

flašica za bebe

segisti

slavina za vodu

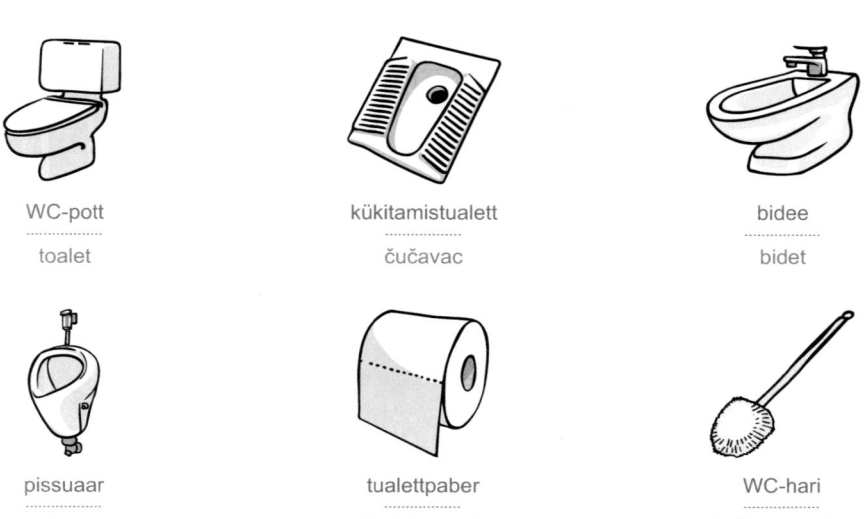

vannituba
kupaonica

küte
grejanje
käterätik
peškir
dušš
tuš
dušikardin
zavesa za tuš
mullivann
penušava kupka
vann
kada
klaas
čaša
pesumasin
mašina za pranje veša
segisti
slavina za vodu
plaadid
pločice
pissipott
tuta
kraanikauss
sudoper

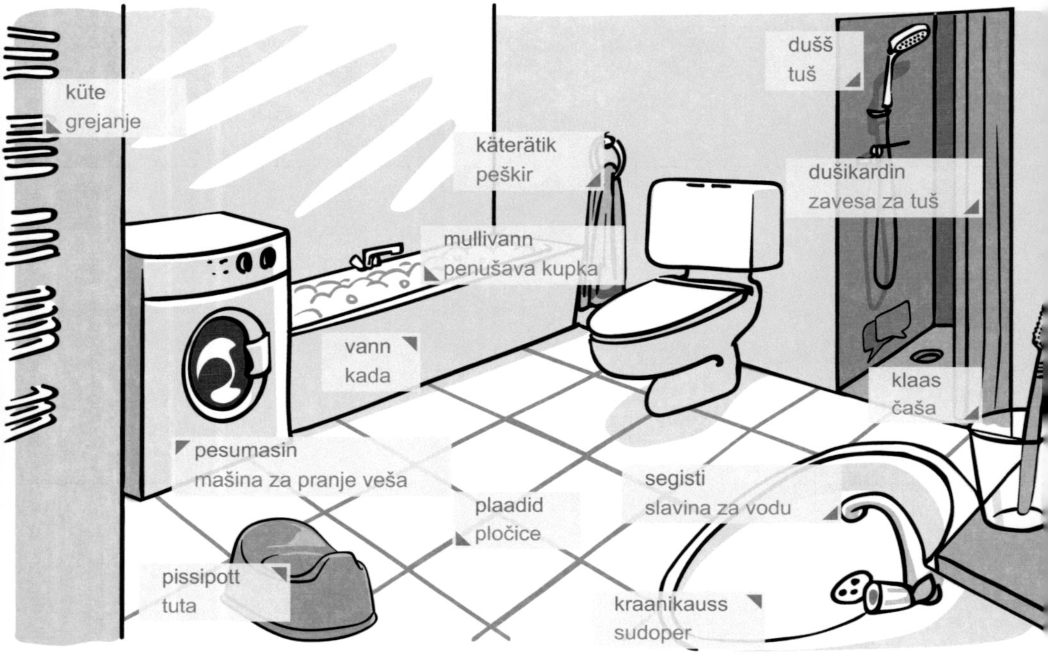

WC-pott

toalet

kükitamistualett

čučavac

bidee

bidet

pissuaar

pisoar

tualettpaber

toaletni papir

WC-hari

četka za toalet

hambahari

četkica za zube

hambapasta

pasta za zube

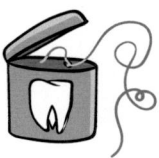

hambaniit

konac za zube

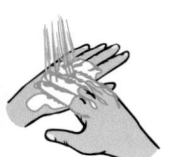

pesema

prati

käsidušš

tuš ručica

intiimdušš

tuš za pranje intimnih delova

pesukauss

lavor

seljahari

četka za pranje leđa

seep

sapun

dušigeel

gel za tuširanje

šampoon

šampon

vamm

krpa za pranje

äravool

odvod

kreem

krema

deodorant

dezodorans

peegel

ogledalo

käsipeegel

kozmetičko ogledalo

habemenuga

brijač

raseerimisvaht

pena za brijanje

habemevesi

losion za posle brijanja

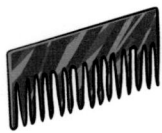

kamm

češalj

hari

četka

föön

fen za kosu

juukselakk

sprej za kosu

meigikomplekt

makeup

huulepulk

ruž za usne

küünelakk

lak za nokte

vatt

vata

küünekäärid

makaze za nokte

parfüüm

parfem

tualett-tarvete kott

kozmetička torbica

taburet

stolica

kaal

vaga

hommikumantel

ogrtač

kummikindad

rukavice za čišćenje

tampoon

tampon

hügieeniside

uložak

keemiline tualett

hemijski toalet

lastetuba

dečija soba

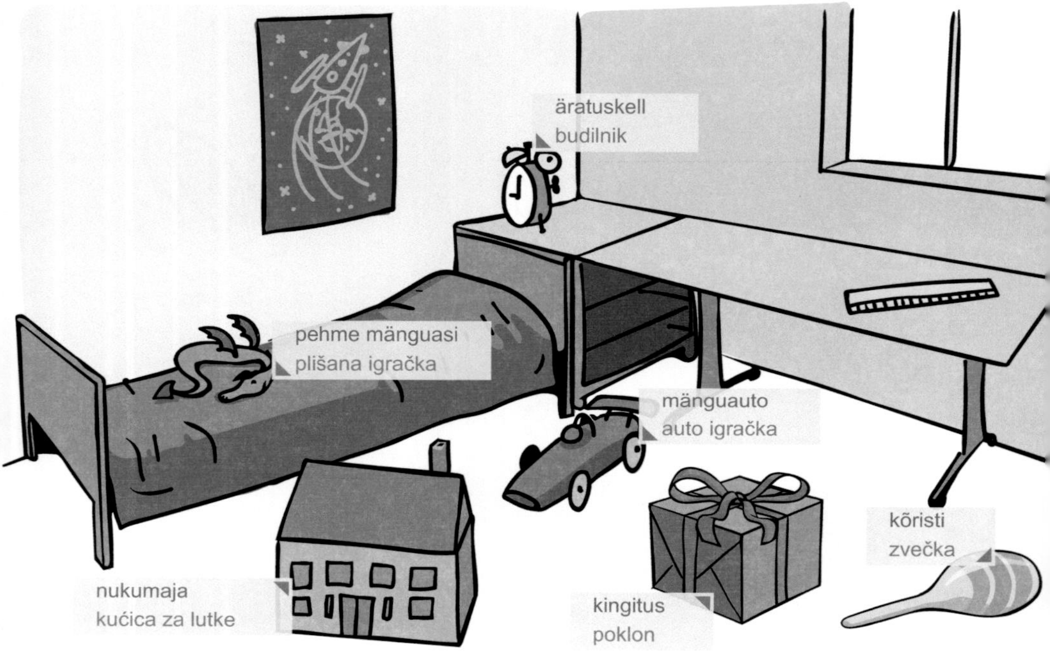

äratuskell
budilnik
pehme mänguasi
plišana igračka
mänguauto
auto igračka
kõristi
zvečka
nukumaja
kućica za lutke
kingitus
poklon

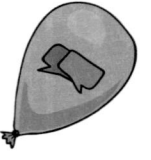

õhupall
balon

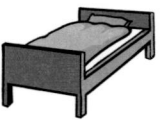

voodi
krevet

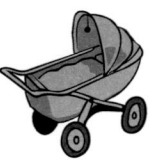

lapsevanker
dječija kolica

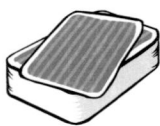

kaardipakk
igra s kartama

pusle
slagalica

SUPER
MEGA

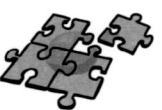

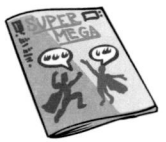

koomiks
strip

Lego klotsid

lego kockice

klotsid

kockice za slaganje

kujuke

akcioni junak

siputuspüksid

benkica za bebe

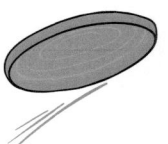

lendav taldrik

frizbi

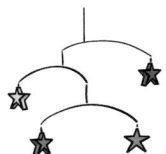

voodikarussell

viseće igračke

lauamäng

društvene igre

täringud

kocka

mudelrong

minijaturna željeznica

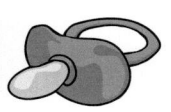

lutt

duda

pidu

zabava

pildiraamat

slikovnica

pall

lopta

nukk

lutka

mängima

igrati

liivakast

pješčanik

kiik

ljuljačka

mänguasjad

igračka

mängukonsool

konzola za igre

kolmerattaline jalgratas

tricikl

mängukaru

tedi

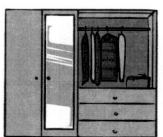

riidekapp

ormar

riietus

odeća

sokid

kratke čarape

sukad

čarape

sukkpüksid

hulahopke

sall
šal

vöö
kaiš

vihmavari
kišobran

T-särk
majica

saapad
čizme

sussid
papuče

tossud
patike

sandaalid
sandale

jalatsid
cipele

kummikud
gumene čizme

aluspüksid
gaćice

rinnahoidja
grudnjak

vest
potkošulja

bodi
bodi

püksid
pantalone

teksapüksid
farmerke

seelik
suknja

pluus
bluza

särk
košulja

sviiter
džemper

dressipluus
džemper s kapuljačom

bleiser
sako

jakk
jakna

mantel
kaput

vihmamantel
kabanica

kostüüm
kostim

kleit
haljina

pulmakleit
venčanica

ülikond

odelo

öösärk

spavaćica

pidžaama

pidžama

sari

sari

pearätt

marama za glavu

turban

turban

burka

burka

kaftan

kaftan

abayah

abaja

ujumistrikoo

kupaći kostim

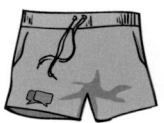

ujumispüksid

kupaće gaćice

lühikesed püksid

kratke pantalone

dressid

odeća za trening

põll

kecelja

kindad

rukavice

nööp

dugme

prillid

naočare

käevõru

narukvica

kaelakee

ogrlica

sõrmus

prsten

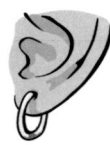

kõrvarõngas

naušnica

nokamüts

kapa

riidepuu

vešalica

kaabu

šešir

lips

kravata

tõmblukk

patent zatvarač

kiiver

kaciga

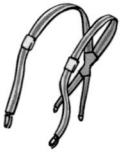

traksid

naramenice

koolivorm

školska uniforma

vormirõivad

uniforma

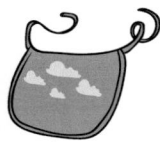

pudipõll

podbradak

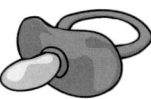

lutt

duda

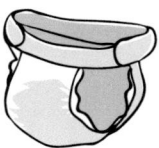

mähe

pelena

kontor
kancelarija

server
server
arhiivikapp
ormar za spise
printer
štampač
paber
papir
monitor
monitor
hiir
miš
kirjutuslaud
pisaći stol
kaust
mapa
klaviatuur
tastatura
paberikorv
košara za papir
arvuti
kompjuter
tool
stolica

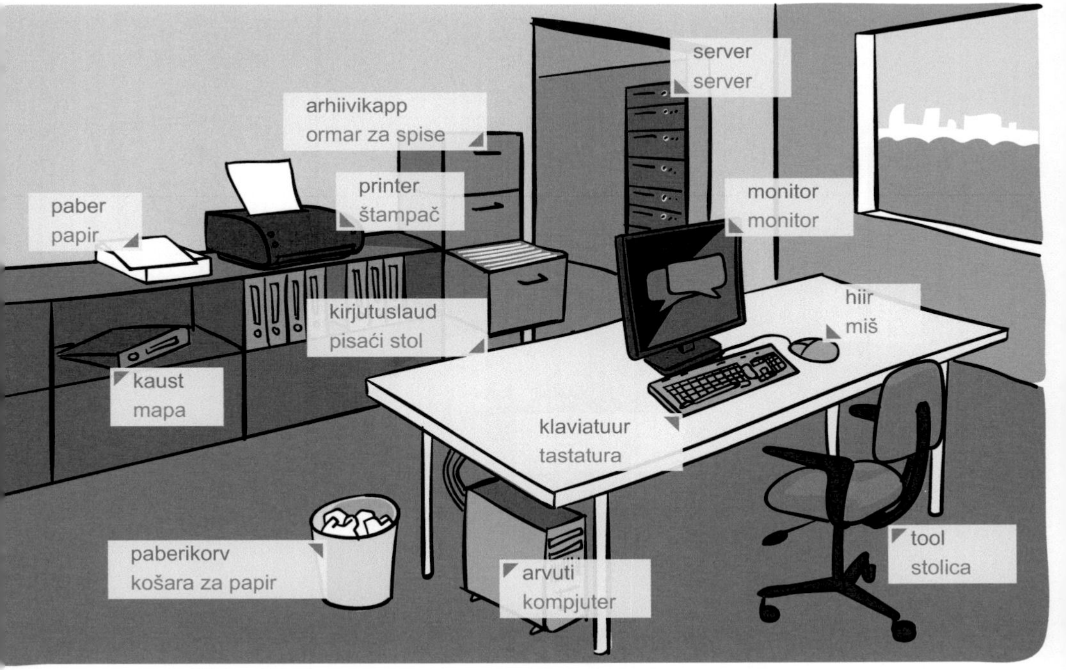

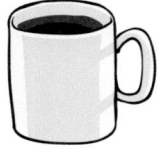

kohvikruus

šalica za kavu

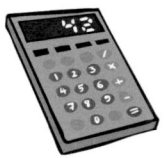

kalkulaator

kalkulator

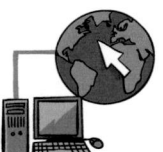

internet

internet

sülearvuti

laptop

kiri

pismo

sõnum

poruka

mobiiltelefon

mobilni telefon

võrk

mreža

koopiamasin

uređaj za kopiranje

tarkvara

softver

telefon

telefon

pistikupesa

utičnica

faksimasin

faks

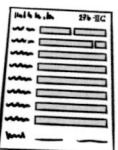

vorm

formular

dokument

dokument

ostma

kupovati

maksma

platiti

vahetama

trgovati

raha

novac

dollar

dolar

euro

evro

jeen

jen

rubla

rublja

Šveitsi frank

švajcarski franak

renminbi jüaan

renmindbi juan

ruupia

rupija

sularahaautomaat

automat za novac

valuutavahetuspunkt

menjačnica

kuld

zlato

hõbe

srebro

nafta

nafta

energia

energija

hind

cena

leping

ugovor

maks

porez

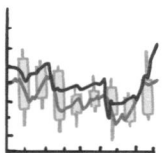

aktsia

deonica

töötama

raditi

töötaja

službenik

tööandja

poslodavac

tehas

fabrika

kauplus

prodavnica

ametid
zanimanja

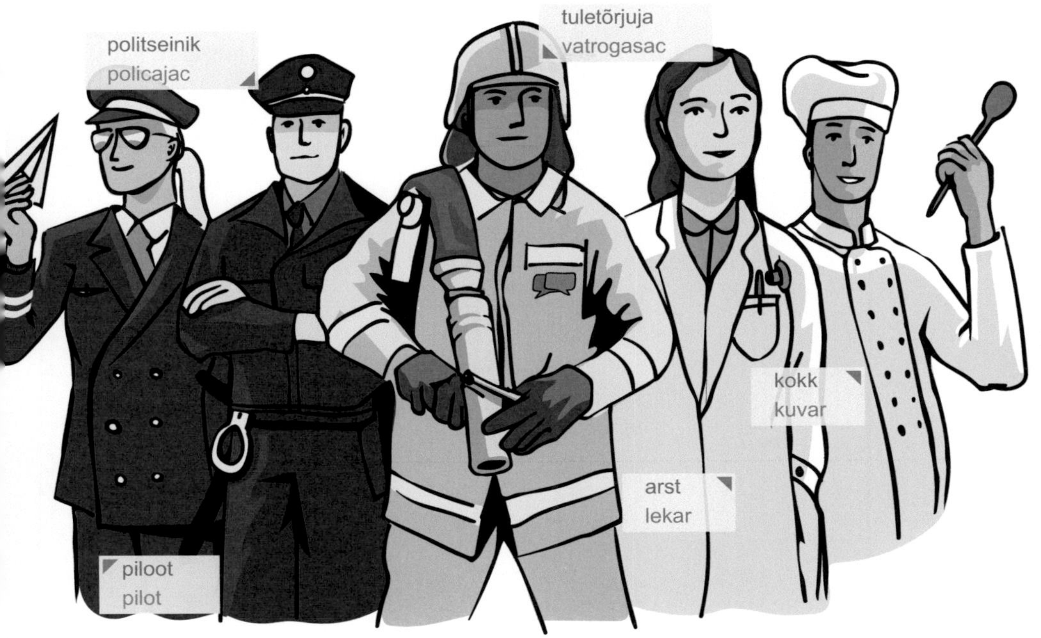

politseinik
policajac
tuletõrjuja
vatrogasac
kokk
kuvar
arst
lekar
piloot
pilot

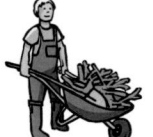

aednik

vrtlar

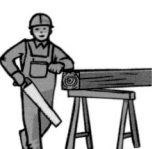

puusepp

stolar

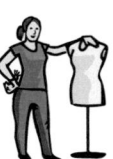

õmbleja

krojačica

kohtunik

sudija

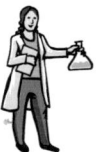

keemik

hemičar

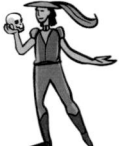

näitleja

glumac

bussijuht

vozač autobusa

taksojuht

vozač taksija

kalamees

ribar

koristaja

čistačica

katusepaigaldaja

krovopokrivač

kelner

konobar

jahimees

lovac

maaler

slikar

pagar

pekar

elektrik

električar

ehitaja

građevinski radnik

insener

inženjer

lihunik

mesar

torumees

limar

postiljon

poštar

sõdur

vojnik

arhitekt

arhitekta

kassapidaja

blagajnik

lillemüüja

cvećar

juuksur

frizer

piletikontrolör

kondukter

mehaanik

mehaničar

kapten

kapetan

hambaarst

zubar

teadlane

naučnik

rabi

rabi

imaam

imam

munk

monah

preester

svećenik

tööriistad
alati

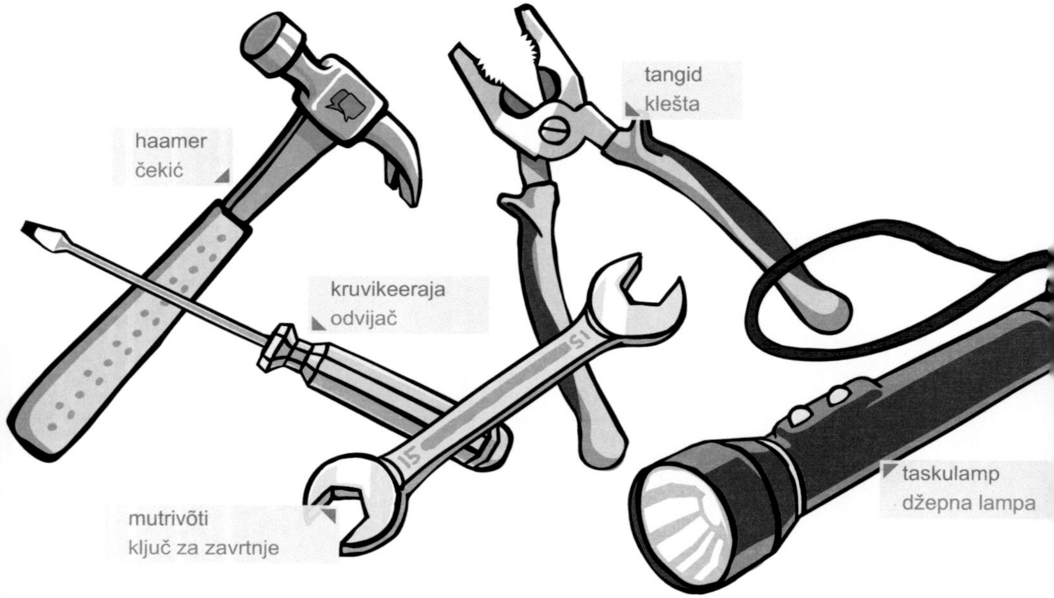

haamer
čekić
tangid
klešta
kruvikeeraja
odvijač
mutrivõti
ključ za zavrtnje
taskulamp
džepna lampa

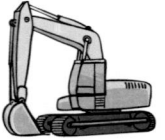

ekskavaator

bager

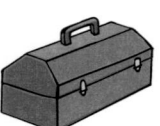

tööriistakast

kutija za alat

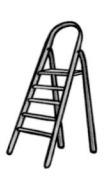

redel

merdevine

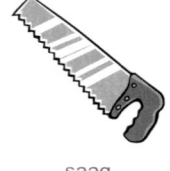

saag

pila

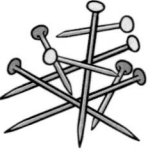

naelad

ekser

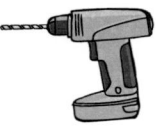

trell

bušilica

parandama

popraviti

labidas

lopata

Põrgusse!

do đavola!

kühvel

lopatica

värvipott

lonac za boju

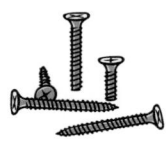

kruvid

zavrtanji

pillid
muzički instrument

kõlar
zvučnik

trummikomplekt
bubnjevi

kitarr
gitara

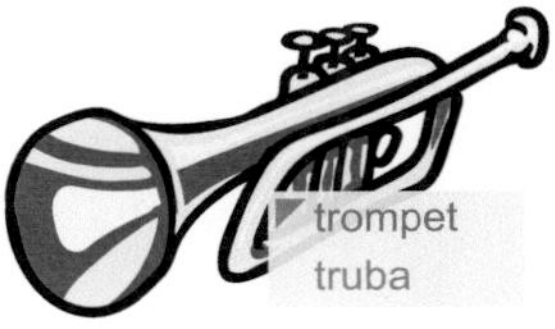

kontrabass
kontrabas

trompet
truba

klaver

klavir

viiul

violina

bass

bas

timpan

timpani

trummid

udaraljke za bubnjeve

süntesaator

tipke klavira

saksofon

saksofon

flööt

flauta

mikrofon

mikrofon

loomaaed
zoološki vrt

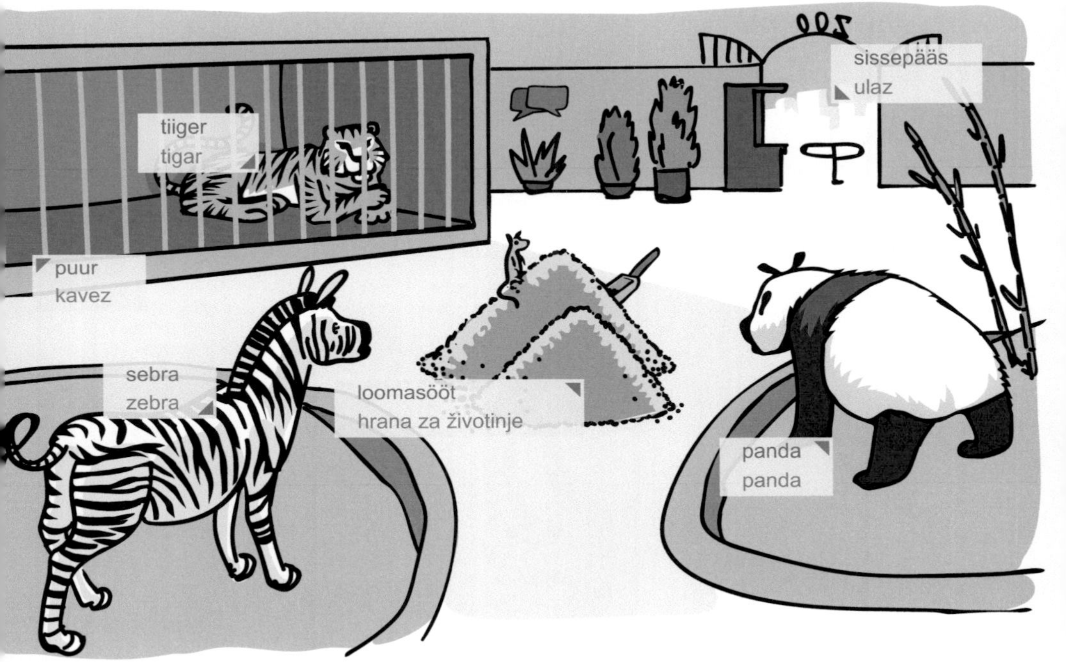

sissepääs
ulaz
tiiger
tigar
puur
kavez
sebra
zebra
loomasööt
hrana za životinje
panda
panda

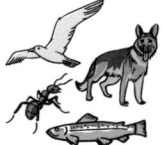

loomad
životinje

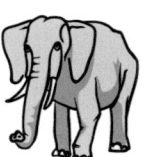

elevant
slon

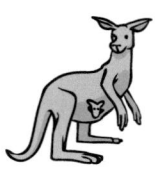

känguru
kengur

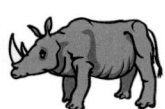

ninasarvik
nosorog

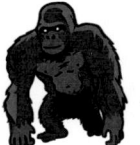

gorilla
gorila

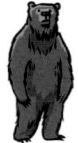

karu
medved

kaamel

kamila

jaanalind

noj

lõvi

lav

ahv

majmun

flamingo

flamingo

papagoi

papagaj

jääkaru

polarni medved

pingviin

pingvin

hai

ajkula

paabulind

paun

madu

zmija

krokodill

krokodil

loomaaiatalitaja

čuvar u zoološkom vrtu

hüljes

tuljan

jaaguar

jaguar

poni
poni

leopard
leopard

jõehobu
nilski konj

kaelkirjak
žirafa

kotkas
orao

metssiga
divlja svinja

kala
riba

kilpkonn
kornjača

morsk
morž

rebane
lisica

gasell
gazela

Ameerika jalgpall
američki nogomet

jalgrattasõit
biciklizam

tennis
tenis

korvpall
košarka

ujumine
plivanje

poksimine
boks

jäähoki
hokej na ledu

jalgpall
fudbal

sulgpall
badminton

kergejõustik
atletika

käsipall
rukomet

suusatamine
skijanje

polo
polo

tegevused
aktivnosti

naerma
smejati se
hüppama
skočiti
kallistama
zagrliti
jalutama
ići
laulma
pevati
unistama
sanjati
palvetama
moliti se
suudlema
poljubiti

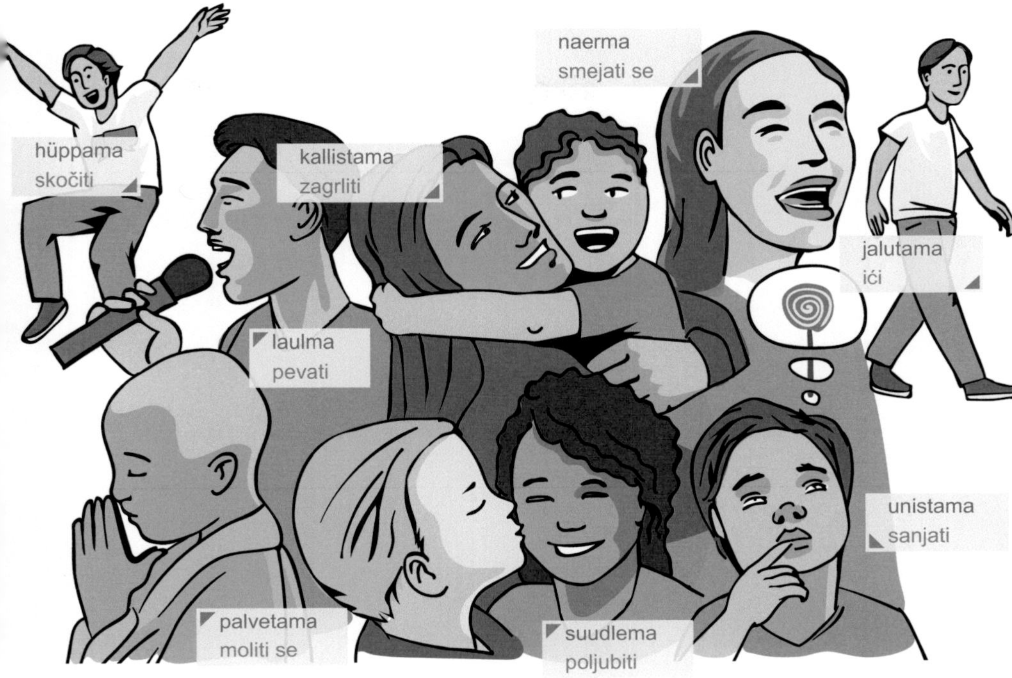

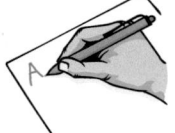

kirjutama

pisati

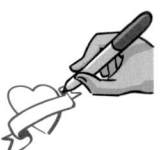

joonistama

crtati

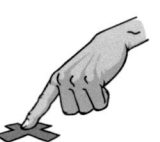

näitama

pokazati

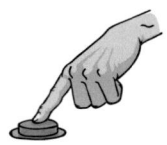

lükkama

gurati

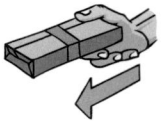

andma

dati

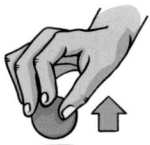

võtma

uzeti

omama
imati

tegema
činiti

olema
biti

seisma
stojati

jooksma
trčati

tõmbama
povlačiti

viskama
baciti

kukkuma
padati

lamama
ležati

ootama
čekati

kandma
nositi

istuma
sediti

riidesse panema
oblačiti

magama
spavati

ärkama
probuditi se

vaatama
gledati

nutma
plakati

paitama
milovati

kammima
češljati

rääkima
govoriti

aru saama
razumeti

küsima
pitati

kuulama
slušati

jooma
piti

sööma
jesti

korrastama
pospremiti

armastama
voleti

süüa tegema
kuhati

sõitma
voziti

lendama
leteti

purjetama

ploviti

arvutama

računati

lugema

čitati

õppima

učiti

töötama

raditi

abielluma

venčati se

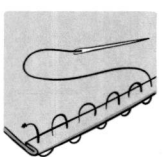

õmblema

šiti

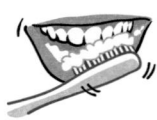

hambaid pesema

prati zube

tapma

ubiti

suitsetama

pušiti

saatma

poslati

vanaema
baka

vanaisa
deda

isa
otac

ema
majka

imik
beba

tütar
kćerka

poeg
sin

külaline

gost

tädi

tetka

onu

ujak, stric

vend

brat

õde

sestra

keha

telo

otsmik
čelo
silm
oko
õlg
rame
sõrm
prst
nägu
lice
lõug
brada
käsi
ruka
jalg
noga
rind
grudi
käsivars
ruka

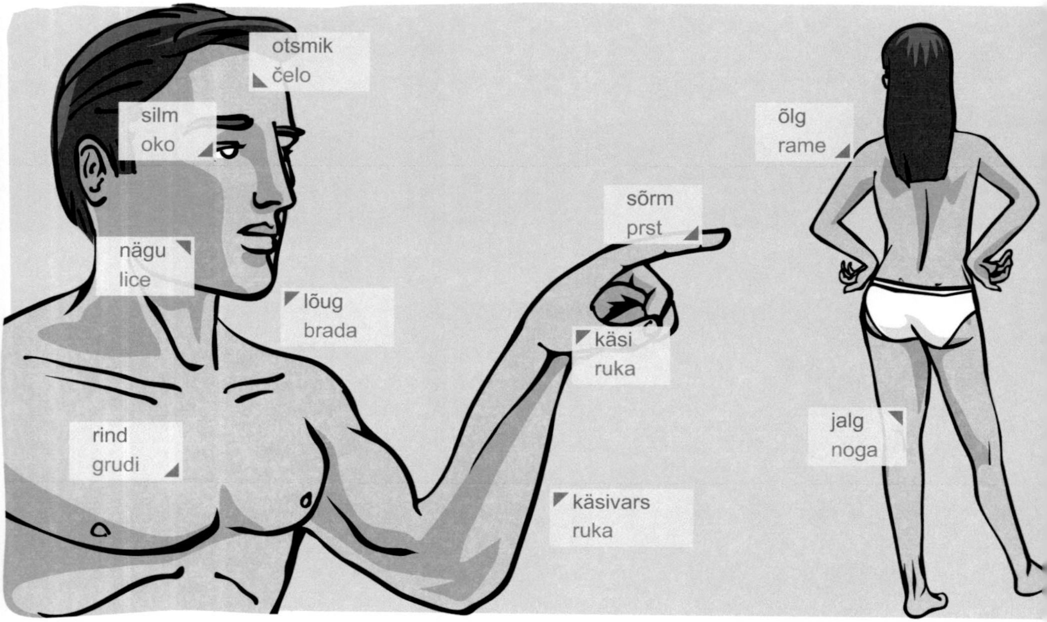

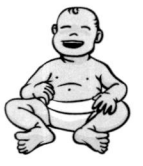

imik

beba

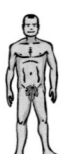

mees

muškarac

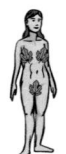

naine

žena

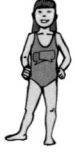

tüdruk

devojčica

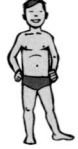

poiss

dečak

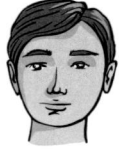

pea

glava

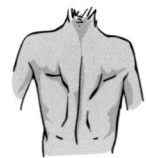

selg
leđa

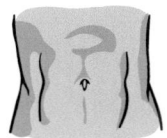

kõht
stomak

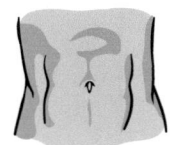

naba
pupak

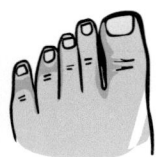

varvas
nožni prst

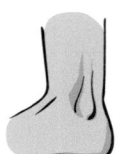

kand
peta

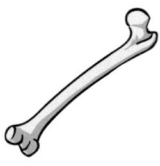

luu
kost

puus
kukovi

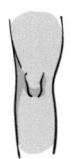

põlv
koleno

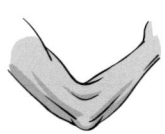

küünarnukk
lakat

nina
nos

tagumik
zadnjica

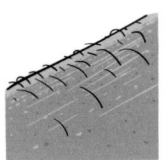

nahk
koža

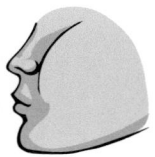

põsk
obraz

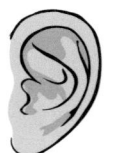

kõrv
uvo

huuled
usna

keha - telo

suu

usta

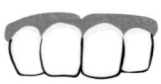

hammas

zub

keel

jezik

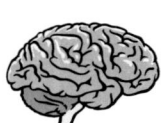

aju

mozak

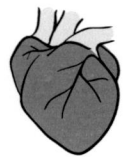

süda

srce

lihas

mišić

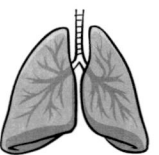

kops

pluća

maks

jetra

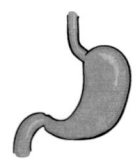

magu

želudac

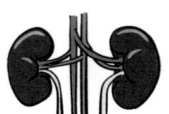

neerud

bubrezi

seksuaalvahekord

polni odnos

kondoom

kondom

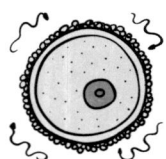

munarakk

jajna ćelija

sperma

sperma

rasedus

trudnoća

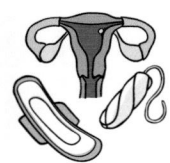

menstruatsioon

menstruacija

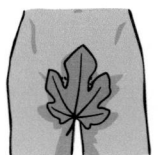

vagiina

vagina

peenis

penis

kulm

obrva

juuksed

kosa

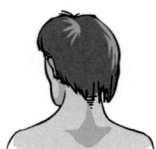

kael

vrat

haigla
bolnica

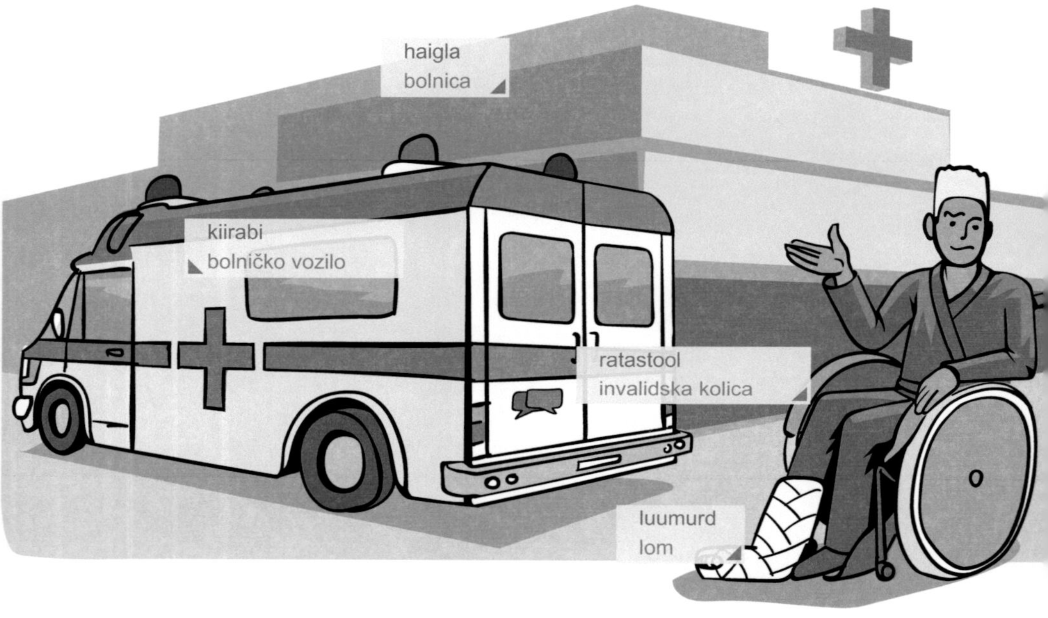

haigla
bolnica
kiirabi
bolničko vozilo
ratastool
invalidska kolica
luumurd
lom

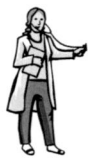

arst
lekar

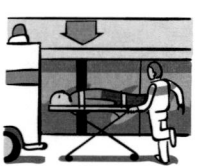

traumapunkt
hitna medicinska služba

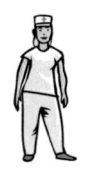

meditsiiniõde
medicinska sestra

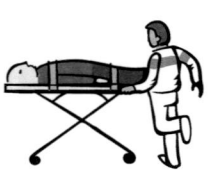

hädaolukord
hitni slučaj

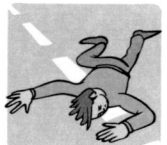

teadvuseta
nesvest

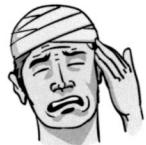

valu
bol

vigastus

povreda

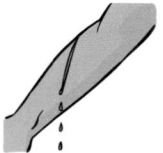

verejooks

krvarenje

südamerabandus

srčani udar

insult

udar

allergia

alergija

köha

kašalj

palavik

groznica

gripp

gripa

kõhulahtisus

proliv

peavalu

glavobolja

vähk

rak

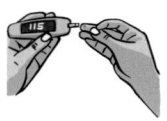

diabeet

dijabetes

kirurg

hirurg

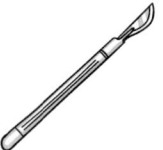

skalpell

skalpel

operatsioon

operacija

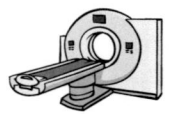

KT

ct

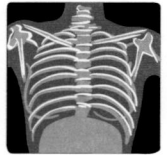

röntgen

rentgen

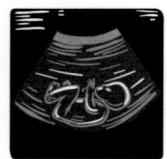

ultraheli

ultrazvuk

mask

maska

haigus

bolest

ooteruum

čekaona

kark

štaka

kips

flaster

side

zavoj

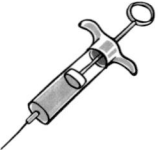

süst

injekcija

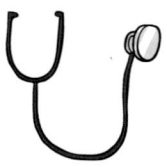

stetoskoop

stetoskop

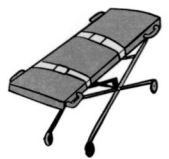

kanderaam

nosila

kraadiklaas

termometar

sünd

rođenje

ülekaaluline

prekomerna težina

kuuldeaparaat

slušni aparat

desinfektsioonivahend

sredstvo za dezinfekciju

põletik

infekcija

viirus

virus

HIV / AIDS

HIV / AIDS

meditsiin

medicina

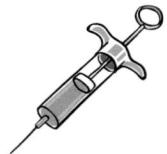

vaktsineerimine

vakcinacija

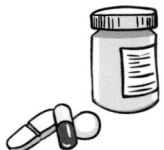

tabletid

tablete

pill

pilula

hädaabikõne

hitni poziv

vererõhuaparaat

uređaj za merenje pritiska

haige / terve

bolesno / zdravo

Appi!

pomoć!

häire

alarm

kallaletung

nasrtaj

rünnak

napad

oht

opasnost

avariiväljapääs

izlaz u slučaju nužde

Tulekahju!

požar!

tulekustuti

protivpožarni aparat

õnnetus

nezgoda

esmaabikomplekt

kutija prve pomoći

SOS

sos

politsei

policija

Euroopa

Evropa

Põhja-Ameerika

Severna Amerika

Lõuna-Ameerika

Južna Amerika

Aafrika

Afrika

Aasia

Azija

Austraalia

Australija

Atlandi ookean

Atlantik

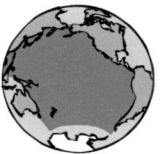

Vaikne ookean

Pacifik

India ookean

Indijski okean

Lõuna-Jäämeri

Antarktički okean

Põhja-Jäämeri

Arktički ocean

põhjapoolus

Severni pol

lõunapoolus

Južni pol

Antarktika

Antarktik

Maa

zemlja

maismaa

zemlja

meri

more

saar

otok

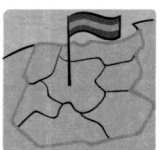

rahvus

nacija

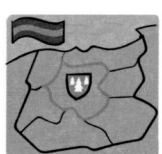

riik

država

sihverplaat

brojčanik sata

tunniosuti

satna kazaljka

minutiosuti

minutna kazaljka

sekundiosuti

sekundna kazaljka

Mis kell on?

Koliko je sati?

päev

dan

aeg

vreme

praegu

sada

digitaalne kell

digitalni sat

minut

minuta

tund

čas

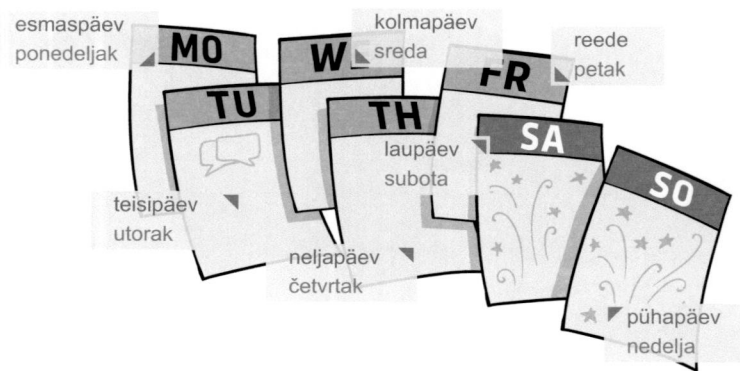

esmaspäev
ponedeljak

kolmapäev
sreda

reede
petak

teisipäev
utorak

laupäev
subota

neljapäev
četvrtak

pühapäev
nedelja

eile
....
juče

täna
....
danas

homme
....
sutra

hommik
....
jutro

lõuna
....
podne

õhtu
....
veče

MO	TU	WE	TH	FR	SA	SU
1	2	3	4	5	6	7
8	9	10	11	12	13	14
15	16	17	18	19	20	21
22	23	24	25	26	27	28
29	30	31	1	2	3	4

tööpäevad
....
radni dani

MO	TU	WE	TH	FR	SA	SU
1	2	3	4	5	6	7
8	9	10	11	12	13	14
15	16	17	18	19	20	21
22	23	24	25	26	27	28
29	30	31	1	2	3	4

nädalavahetus
....
vikend

vikerkaar
duga

vihm
kiša

lumi
sneg

tuul
vetar

kevad
proleće

sügis
jesen

suvi
leto

talv
zima

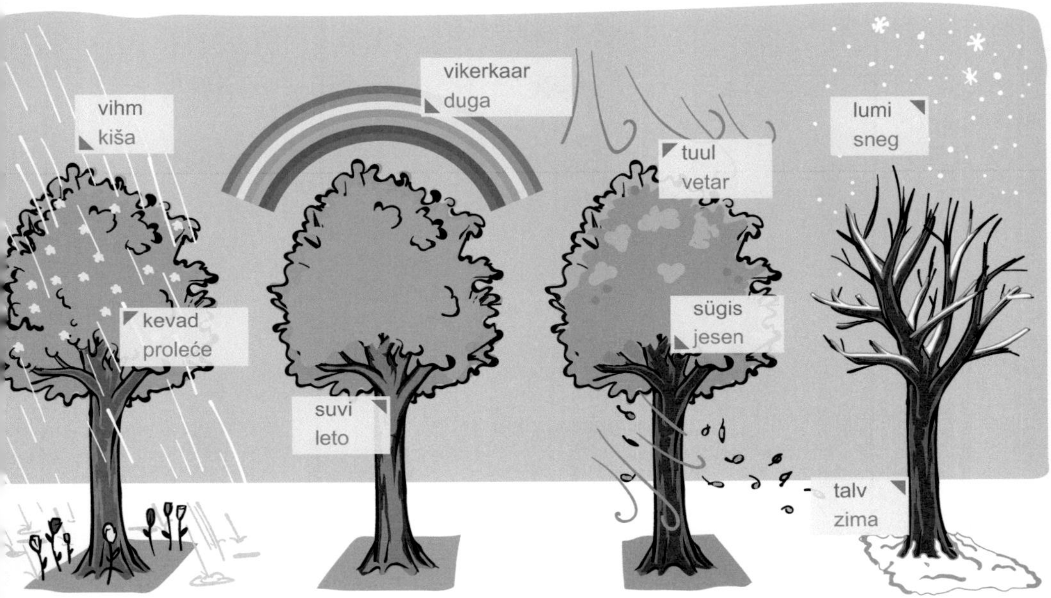

ilmaennustus
meteorološka prognoza

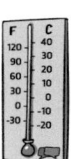

termomeeter
termometar

päikesepaiste
sunčana svetlost

pilv
oblak

udu
magla

niiskus
vlažnost vazduha

pikne
munja

kõu
grmljavina

torm
oluja

rahe
tuča

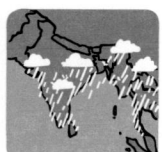

mussoon
monsun

üleujutus
poplava

jää
led

jaanuar
januar

veebruar
februar

märts
mart

aprill
april

mai
maj

juuni
juni

juuli
juli

august
avgust

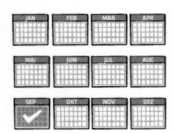

september
....
septembar

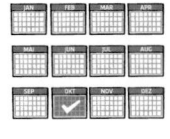

oktoober
....
oktobar

november
....
novembar

detsember
....
decembar

kujundid
oblici

ring
....
krug

ruut
....
kvadrat

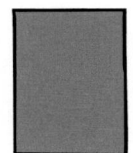

nelinurk
....
pravougao

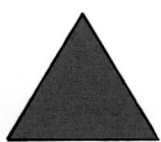

kolmnurk
....
trougao

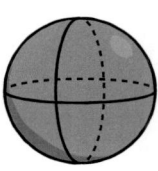

kera
....
kugla

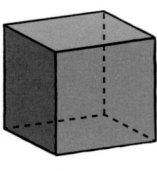

kuup
....
kocka

valge

bela

kollane

žuta

oranž

narandžasta

roosa

ružičasta

punane

crvena

lilla

ljubičasta

sinine

plava

roheline

zelena

pruun

smeđa

hall

siva

must

crna

palju / vähe

mnogo / malo

vihane / rahulik

ljutito / mirno

ilus / inetu

lepo / ružno

algus / lõpp

početak / kraj

suur / väike

veliko / maleno

hele / tume

svetlo / tamno

vend / õde

brat / sestra

puhas / must

čisto / prljavo

täielik / puudulik

potpuno / nepotpuno

päev / öö

dan / noć

surnud / elus

mrtvo / živo

lai / kitsas

široko / usko

söödav / mittesöödav

jestivo / nejestivo

kuri / sõbralik

zlo / dobro

põnevil / tüdinud

uzbuđeno / dosadno

paks / peenike

debelo / mršavo

esimene / viimane

na početku / na kraju

sõber / vaenlane

prijatelj / neprijatelj

täis / tühi

puno / prazno

kõva / pehme

tvrdo / mekano

raske / kerge

teško / lagano

nälg / janu

glad / žeđ

haige / terve

bolesno / zdravo

ebaseaduslik / seaduslik

ilegalno / legalno

tark / rumal

pametno / glupo

vasak / parem

levo / desno

lähedal / kaugel

blizu / daleko

uus / kasutatud

novo / polovno

mitte midagi / midagi

ništa / nešto

vana / noor

staro / mlado

sees / väljas

uključeno / isključeno

lahti / kinni

otvoreno / zatvoreno

vaikne / vali

tiho / glasno

rikas / vaene

bogato / siromašno

õige / vale

tačno / pogrešno

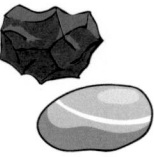

kare / sile

hrapavo / glatko

kurb / rõõmus

tužno / sretno

lühike / pikk

kratko / dugo

aeglane / kiire

polako / brzo

märg / kuiv

mokro / suho

soe / jahe

toplo / hladno

sõda / rahu

rat / mir

0

null

nula

1

üks

jedan

2

kaks

dva

3

kolm

tri

4

neli

četiri

5

viis

pet

6

kuus

šest

7

seitse

sedam

8

kaheksa

osam

9

üheksa

devet

10

kümme

deset

11

üksteist

jedanaest

12	**13**	**14**
kaksteist	kolmteist	neliteist
dvanaest	trinaest	četrnaest
15	**16**	**17**
viisteist	kuusteist	seitseteist
petnaest	šestnaest	sedamnaest
18	**19**	**20**
kaheksateist	üheksateist	kakskümmend
osamnaest	devetnaest	dvadeset
100	**1.000**	**1.000.000**
sada	tuhat	miljon
stotinu	hiljadu	milion

inglise

engleski

Ameerika inglise

američki engleski

mandariini

mandarinski kineski

hindi

hindski

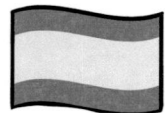

hispaania

španski

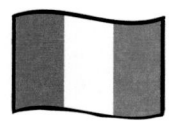

prantsuse

francuski

araabia

arapski

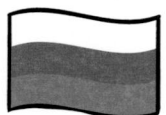

vene

ruski

portugali

portugalski

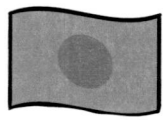

bengali

bengalski

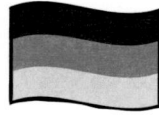

saksa

nemački

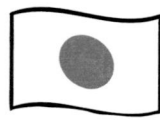

jaapani

japanski

mina

ja

sina

ti

tema

on / ona / ono

meie

mi

teie

vi

nemad

oni

kes?

Ko?

mis?

Šta?

kuidas?

Kako?

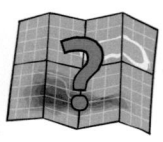

kus?

Gde?

millal?

Kada?

nimi

ime

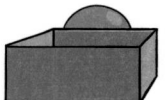

taga

iza

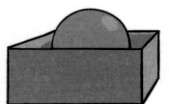

sees

u

ees

ispred

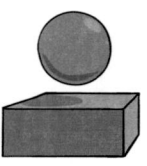

kohal

preko

peal

na

all

ispod

kõrval

pored

vahel

između

koht

mesto